7つの習慣

スペシャルエディション
“賢者のハイライト”
森川 亮 Ver.

Stephen R. Covey

キングベアー出版

私が『7つの習慣』を読んだのが33歳の時。当時のハンゲームジャパン（現LINE株式会社）の社長が社員を集めて行った研修がきっかけでした。私は子どもの頃から勉強もスポーツもさほど出来なかったのですが、好きな音楽に集中したことで、歌や楽器の演奏で活躍することができ、自分に自信を持つようになりました。そうして、学生時代は思う存分、自信があることに時間を使いましたが、社会人になるとそうもいきませんでした。会社や上司の方針、考え方によって、自信がないことにも時間やお金を使う必要が出てきたのです。自分の実現したいことのためだけに時間を使いたくても、多くの人と付き合う必要が出てくる中で、何に自分の時間やお金を使うべきなのか、次第に悩むようになりました。そんな中で『7つの習慣』に出会ったのです。

本を読みすすめる中で、これは自分の人生を「1つの会社」のようにマネジメントする考え方だと感じました。つまり、経営と同じく自分のもつ資源（時間やお金）の使い方について「選択と集中」が求められるということです。やるべきではない仕事は断る必要もあるかも知れませんし、人付き合いを断れば、時には嫌われることもあるかも知れません。しかし、仕事も人間関係も最終的に大事なのは「関わる人それぞれが、望むゴールに近づくこと」。その目的が一致しない人には、むしろ会わない方が互いにプラスになるケースも多いのだと考えるようになりました。

第3の習慣「最優先事項を優先する」には、まさにその「自分にとって本当に大事なことを実現するために、必要な時間の使い方・考え方」が書いてあります。

本文に「燃えるような『イエス』」という言葉が出てきます。私はこの言葉を「自分の夢に対する情熱」と捉えました。本当に自分の夢を信じ実現することに情熱があれば、失敗を繰り返しても必ずたどり着きます。そのための具体的なノウハウが本書にはあります。意思をつら抜く方法、ともいえるかもしれません。さらには「マネジメントとリーダーシップ」という言葉の違いにもあらわされるように、継続的に周りの人が夢に向かって動くために必要なことは何かなど、マネジメントスタイルに対する知見も大きな学びになりました。

私は、自分自身のゴールに向かって進むことで、自分の人生が切り開かれ、夢が実現することを体験しました。この本を読み、実践し、変化を体験し、夢を実現させて幸せになってくれる人が増えると良いなと心から思っています。

今回『賢者のハイライト』をお引き受けするにあたり、普段社員向けに実施している「手帳研修」で伝えていること、多くの人がつまずきやすいポイントをふまえてハイライトやコメントをさせていただきました。「失敗しても継続しやすくなるポイント」ともいえるかもしれません。ぜひみなさんの人生を豊かにするために、参考にして欲しいと思います。

C Channel株式会社代表取締役社長　森川　亮

THE SEVEN HABITS
OF HIGHLY
EFFECTIVE PEOPLE

第3の習慣

最優先事項を優先する

PUT FIRST THINGS FIRST

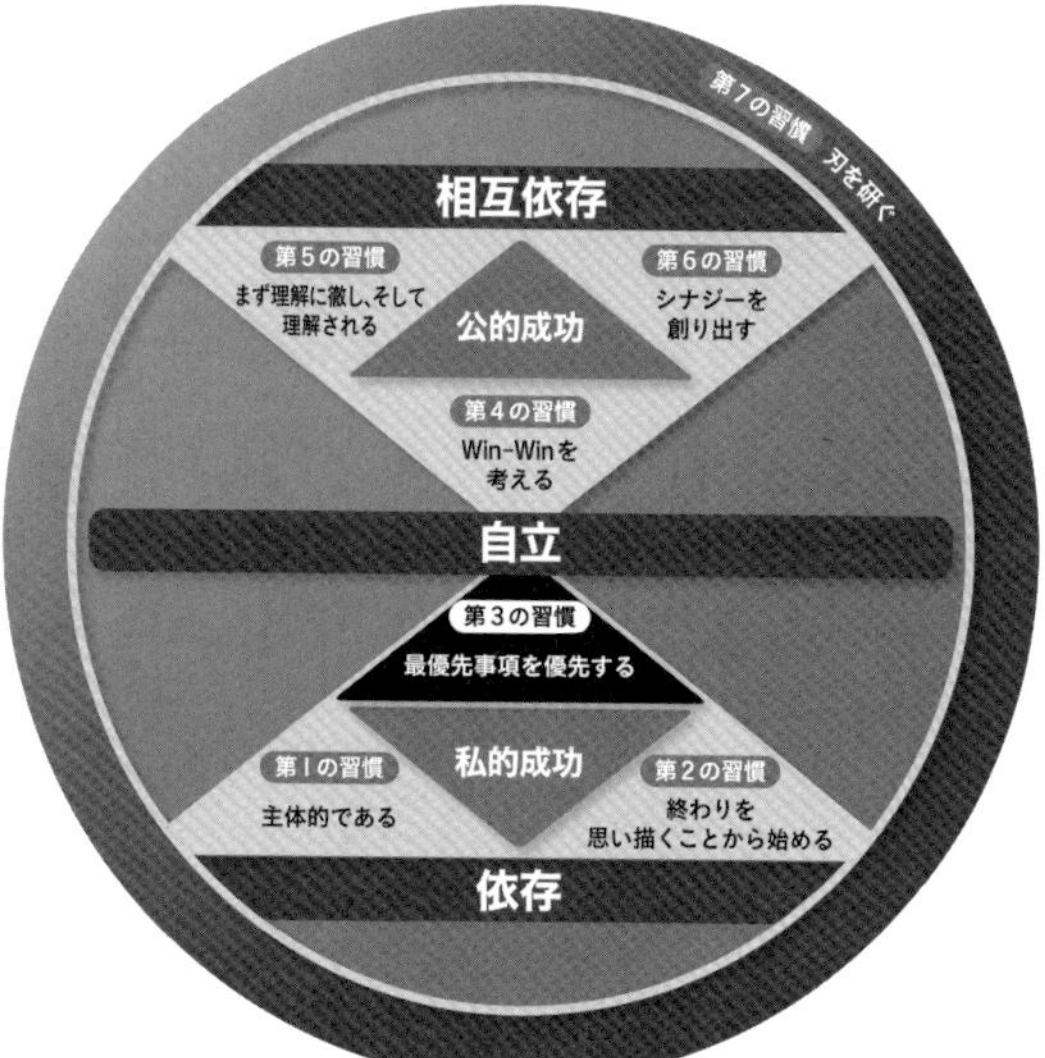

パーソナル・マネジメントの原則

大事を小事の犠牲にしてはならない。

――ゲーテ

ここで少し時間をとって、次の二つの質問を考え、答えを書き留めておいてほしい。あなたの答えは、第3の習慣に取り組むにあたってとても重要である。

質問一　現在はしていないが、もし日頃から行っていれば、あなたの私生活に大きくポジティブな結果をもたらすと思うことを一つ挙げるとしたら、それは何だろうか？

質問二　同様に、あなたの仕事や専門分野で、ポジティブな結果をもたらすと思うことを一つ挙げるとしたら、それは何だろうか？

あなたが書き留めた答えは後で見ることにして、まずは第3の習慣について説明しよう。

第3の習慣は、第1の習慣と第2の習慣で身につけたことを実践し、個人的な結果を得る習慣である。

第1の習慣が言わんとしているのは、人間だけに授けられた四つの能力（**想像・良心・意志・自覚**）に従って、「あなたは自分の人生の創造主である。あなたには責任がある」ということである。第1の習慣を身につければ、「子どものときに与えられたプログラムは間違っている。社会通念の鏡に映るプログラムも間違っている。このような効果のない脚本は好まない。自分で書き直すことができる」と言えるようになる。

第2の習慣は、第一の創造、すなわち知的創造を行う習慣である。この習慣の土台となっているのは、**想像と良心**だ。想像は、頭の中で思い描く能力、あなたの内面に潜在する能力を見抜き、目の前にないものを頭の中に描写する能力である。良心は、自分にしかできないことを発見し、それを自ら喜んで成し遂げるための個人的、道徳的かつ倫理的なガイドラインを定める能力である。第2の習慣は、あなたの内面の奥深くにある基本のパラダイムと価値観を見つめ、自分の将来のビジョンに触れることである。

そして第3の習慣は、第二の創造、すなわち知的創造で思い描いたビジョンをかたちあるものにする物的創造の習慣である。第1の習慣と第2の習慣を日々の生活で実践する習慣であり、この最初の二つの習慣から自然と導き出される結果である。原則中心の生き方をするために意志を発揮し、一日の始まりから終わりまで、その瞬間瞬間たゆまず実行していく習慣である。

第3の習慣を身につけるには、第1と第2の習慣の土台が不可欠である。自分の主体性を意識し、それを育てていかなければ、原則中心の生き方はできない。自分のパラダイムを自覚し、それをどのように変えれば原則に合わせられるかを理解して初めて、原則中心の人生を生きられる。あなた独特の貢献をありありと思い描きフォーカスすることができなければ、原則中心の人間にはなれない。

しかし、これらの土台を築けたなら、自分自身を効果的にマネジメントする第3の習慣を実践することによって、あなたは毎日、原則中心の生き方が**できる**ようになる。

マネジメントとリーダーシップはまるで違うものであることを思い出してほしい。リーダーシップは基本的には右脳の精力的な活動である。技術というより芸術であり、哲学を土台としたものである。あなたが自分の人生でリーダーシップを発揮するには、自分の人生はどうあるべきか、自分自身に向かって究極の問いかけをしなければならない。

自分自身の人生のミッションステートメントや哲学が重要となる

経験やクリエイティビティを活かして笑顔を作り幸せな社会をつくる

その問いかけを真正面からとらえ、真剣に考え、答えを見出したなら、次は、その答えにふさわしい生き方ができるように、自分自身を効果的にマネジメントすることが必要なのだ。

もちろん、「正しいジャングル」にいなければ、どんなにマネジメントがうまくできても何の意味もない。しかし「正しいジャングル」にいれば、マネジメントの能力の違いで大きな差がつく。マネジメント能力次第で第二の創造の質、現実に生み出されるものの質が決まる。うまくマネジメントできなければ、第二の創造そのものができなくなることもある。マネジメントとは、左脳にある効果的な自己管理の側面を使い、作業を細かい部分に分け、分析し、順序だて、具体的に応用し、時系列で物事を取り扱っていく。私自身の効果性を最大化するために**右脳でリーダーシップ、左脳でマネジメント**と考えている。

意志の力

セルフ・マネジメントに真の効果性をもたらすには、人間だけに授けられた四つの能力の四番目、**意志**を活用することだ。意志とは、決断し選択する能力であり、決めたことに従って行動する能力である。他者や周りの状況の

日本人は真面目で一度失敗するとやめてしまう。失敗を笑って継続する事が大事。3分でも5分でも続ければ改善していく。

影響に動かされるのではなく、自分の考えで行動し、自覚、想像、良心を使って書いたプログラムを実行する能力である。

人の意志の力は驚くべきものである。人間は、信じられない困難も意志の力で乗り越えられる。世界中に大勢いるヘレン・ケラーのような人たちは、意志の力の驚くべき価値を証明している。

しかし、効果的なセルフ・マネジメントを行うということは、一念発起してとてつもない努力をし、生涯に一度だけ何か華やかで大きなことを成し遂げればよいというものではない。そのような成功は長続きしない。日々のあらゆる決断と意志によって、自分をマネジメントする力が徐々についてくるのである。

毎日の生活の中で意志をどのくらい発揮できているかは、誠実さの度合いで測ることができる。誠実さとは、基本的には自分自身にどれだけ価値を置いているかということだ。自分に約束し、それを守る能力、「言行一致」のことである。自分を大切にし、自分を裏切らないことである。誠実さは人格主義の根本をなし、主体的な人間として成長するために欠かせないものである。

効果的なマネジメントとは、**最優先事項を優先する**ことである。リーダーシップの仕事は、「優先すべきこと」は何かを決めることであり、マネジメン

継続し習慣化する事が大事

自分を信じて
自分を裏切らない

トは、その大切にすべきことを日々の生活の中で優先して行えるようにすることだ。自分を**律して**実行することがマネジメントである。

規律とは、自分を律することだ。自分を律するというのは、哲学に従い、正しい原則、自分の価値観、もっとも重要な目的、より上位の目標に従って、あるいはその目標を象徴する人物を手本にして行動することだ。

要するに、自分を効果的にマネジメントできている人は、自分の内面にある規律に従い、意志を働かせて行動している。内面の奥深くにある価値観とその源に従い、自分を律している。感情や衝動、気分に流されず、自分の価値観を優先できる意志と誠実さを持っているのである。

E・N・グレーの『The Common Denominator of Success（成功の共通点）』は、私の好きな本の一つである。彼は成功者に共通する要素の探究をライフワークにし、努力や幸運、人間関係のテクニックは重要ではあるが決定的な成功要因ではなく、これらの要因を超越する一つの要因があると結論づけている。それはまさに、この第3の習慣「**最優先事項を優先する**」のエッセンスである。グレーは次のように書いている。

「成功者たちの共通点は、成功していない人たちの嫌がることを実行に移す習慣を身につけているということである。彼らにしてみても、必ずしも好き

イエスはまさにミッションステートメントの原点。立ち戻ることが重要。NOを言うと人を傷つける事もあるけど、NOを言う事も相手への愛情。結果的につながっていく。

でそれを行なっているわけではないが、自らの嫌だという感情をその目的意識の強さに服従させているのだ」

感情を抑え、最優先事項を優先するには、目的意識と使命感が要る。第2の習慣で身につけた明確な方向感覚と価値観が要る。そして、優先する必要のない物事に「ノー」とはっきり言えるためには、あなたの中に燃えるような「イエス」がなければならない。何よりも大切にすべきことを自覚していなければならないのだ。さらに、やりたくないと思っても実行する意志の力、その時どきの衝動や欲望ではなく、自分の価値観に従って行動する力も必要だ。それは、あなたが主体的な人間として行う第一の創造を誠実に実行し、かたちにしていく力なのである。

時間管理の四つの世代

第3の習慣では、人生と時間管理に関わる問題を多く取り上げる。私自身これまで長い間時間管理という興味深いテーマを探究してきたが、時間管理の本質を一言で言うなら「**優先順位をつけ、それを実行する**」に尽きると思う。そしてこの一言は、時間管理のこれまで三つの世代の進化過程を言い表している。時間管理には多種多様なアプローチやツールがあるが、そのどれもが、優先すべきことをどのようにして実行するかをポイントにしているのである。

パーソナル・マネジメントの理論も、他の多くの分野と同じようなパターンをたどって進化してきた。画期的な進歩（アルビン・トフラーの言葉を借りれば「波」）は順々に起こり、そのたびに前の進歩に新しい重要な要素が加わるというパターンである。社会の進歩を例にとるなら、まず農業革命があり、その次に産業革命が起こり、そして情報革命が続いた。一つの波が押し寄せるたびに、社会も人間も大きく進歩してきたのである。

時間管理の分野も同じである。一つの世代の上に次の世代が重なり、そのたびに人間が自分の生活を管理できる範囲が広がってきた。

時間管理の第一の波もしくは世代は、メモやチェックリストが特徴だ。私たちの時間と労力を必要とする多くの物事を確認し、忘れずにいるための工夫だ。

第二世代は、予定表やカレンダーが特徴だ。この波は先を見て、将来の出来事や活動の予定を立てようという試みである。

時間管理の第三世代が今の世代である。前の二つの世代に「優先順位づけ」

と「価値観の明確化」が加わっている。明確にした自分の価値観に照らして活動の重要度を測り、優先順位を決めようという考え方である。さらにこの第三世代は、目標設定も重要視する。長期、中期、短期の目標を具体的に立て、自分の価値観に照らし合わせ、その目標の達成に時間と労力をかける。もっとも重要であると判断した目標や仕事を達成するために、毎日の具体的なスケジュールを計画することも第三世代の考え方だ。

第三世代の波は時間管理の分野を飛躍的に進歩させた。しかし、効率的なスケジュールを組んで時間を管理する方法が、むしろ非生産的になっていることに私たちは気づき始めている。効率性だけを追求していたら、豊かな人間関係を築いたり、人間本来のニーズを満たしたり、毎日の生活の中で自然と生まれる豊かな時間を素直に楽しんだりする機会が奪われてしまうのだ。

その結果、多くの人は、一分の隙もないスケジュールに縛られるような時間管理のツールやシステムに嫌気がさしてしまった。そして彼らは、人間関係や自分の自然なニーズ、充実感の得られる人生を選ぼうと、第三世代の長所も短所も全部放り出し、第一世代か第二世代の時間管理テクニックに逆戻りしたのである。

しかし今、これまでの三つの世代とは根本的に異なる第四世代が生まれている。この新しい波は、「時間管理」という言葉そのものが間違っているという考え方だ。問題は時間を管理することではなく、自分自身を管理することだからだ。人が満足できるのは、自分が期待したことを、期待どおりに達成できたときである。そして、何を期待するかも満足感を左右する。その期待（満足）は、影響の輪の中にあるのだ。

第四世代は、**モノ**や**時間**には重点を置かない。この新しい波が目指すのは、**人間関係**を維持し、強くしながら、**結果**を出すことである。簡単に言えば、P／PCバランスを維持することである。

第II領域

第四世代の時間管理の中心をなす考え方を、次ページにあるような時間管理のマトリックスで表してみた。私たちは基本的に、これら四つの領域のどれかに時間を使っている。

このマトリックスを見るとわかるように、活動を決める要因は、**緊急度**と**重要度**の二つである。**緊急**の活動とは、今すぐに取りかからなければならない活動である。「早く！」と私たちを急き立てる用事だ。電話が鳴っていれ

時間管理は進化している

時間管理のマトリックス

	緊急	緊急でない
重要	**第Ⅰ領域** 活動： 危機への対応 差し迫った問題 期限のある仕事	**第Ⅱ領域** 活動： 予防、PCを高める活動 人間関係づくり 新しい機会を見つけること 準備や計画 心身をリラックスさせること
重要でない	**第Ⅲ領域** 活動： 飛び込みの用事、多くの電話 多くのメールや報告書 多くの会議 無意味な接待や付き合い 期限のある催し物	**第Ⅳ領域** 活動： 取るに足らない仕事、雑用 多くのメール 多くの電話 暇つぶし 快楽だけを追求する遊び

ば、電話に出るのは緊急の用事である。鳴っている電話を放っておいて平気でいられる人はまずいないだろう。

何時間もかけて資料を揃え、身だしなみを整え、重要な仕事の話で誰かのもとにわざわざ足を運んだとしよう。話し合いの途中で電話が鳴りだせば、その相手はあなたよりも電話を優先するはずだ。

あなたが誰かに電話して、電話に出た相手が「一五分で戻ってくるから、そのまま切らずに待っていて」などと言って待たせることはまずないだろう。それなのに、大切な来客よりも電話を優先して待たせることはよくある。

緊急の用事は、たいていは目に見える。早くやれ、と私たちを急き立てて、何としても私たちを引き込もうとする。緊急の用事はいつも、私たちの目の前に現れる。緊急の用事ができると俄然張り切る人も少なくない。緊急の用事の中には、楽しいこと、簡単にできること、面白いこともたくさんあるからだ。しかしほとんどは重要な用事ではない。

一方、**重要**度は結果に関係する。重要な用事は、あなたのミッション、価値観、優先度の高い目標の実現につながるものである。

私たちは、緊急の用事には**受動的に反応**（react）する。だが、緊急ではない

日本人は多数決で全てを平等にやろうとするけど大事な事は選択と集中。大事な事3つで80%カバー出来る。

多くの人が重要ではないが緊急な事に時間を使っている

が重要なことをするには、率先力と主体性が要る。機会をとらえたり、物事を実現させたりするには、**能動的に動く**（act）ことが必要なのだ。第2の習慣が身についておらず、何が重要なのか、人生において追求する結果をはっきりと思い描けていない人は、緊急の用事ばかりに簡単に反応し、人生の目的からそれていってしまう。

ここで、時間管理のマトリックスの四つの領域を見てほしい。第I領域は、緊急で重要な領域である。この領域に入る活動は、緊急に対応する必要があり、なおかつ重大な結果につながるものである。私たちは一般的に、第I領域を「危機」とか「問題」と言う。誰でも、日々の生活の中で第I領域に入る問題に直面することはある。ところが多くの人が、第I領域に一日中浸かっている。それは、まるで危機的状況にあるマネージャーであり、問題ばかりを考える人であり、常に締め切りに追われている人のようになる。

第I領域ばかりを意識していると、第I領域だけがどんどん大きくなり、やがてあなたを支配してしまう。それは浜辺に打ち寄せる波のようなものだ。大きな問題が打ち寄せてきてあなたを押し倒しては、引いてゆく。何とか起き上がったと思ったら、すぐに次の波が押し寄せてきて、あなたはまたも倒れる。その繰り返しである。

このように毎日、次から次へと押し寄せる問題に打ちのめされている人たちがいる。彼らが唯一逃げ込める場所は、緊急でも重要でもない第Ⅳ領域である。だから、彼らのマトリックスを見ると、時間の九〇%が第Ⅰ領域に費やされ、残りの一〇%は第Ⅳ領域に入ってしまう。第Ⅱ領域と第Ⅲ領域はほとんど見向きもされていない。危機に追われる人たちはこういう生き方をしているのである。

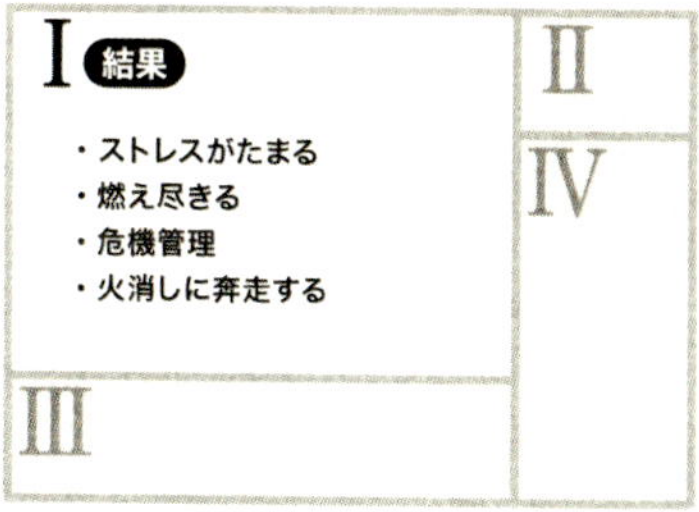

緊急だが重要ではない第Ⅲ領域の用事を第Ⅰ領域の用事と思い込み、それに多くの時間を費やす人もいる。緊急だから重要なのだと思い込み、緊急の用事のすべてに反応し、ほとんどの時間を使ってしまうのだ。だが、それらの用事は自分にとって緊急なのではなく、ほとんどは他者の仕事の優先順位からきているのであり、早く対応してほしいと期待されていることなのである。

第Ⅲ領域と第Ⅳ領域だけに時間を使っている人は、根本的に無責任な生き方をしている。

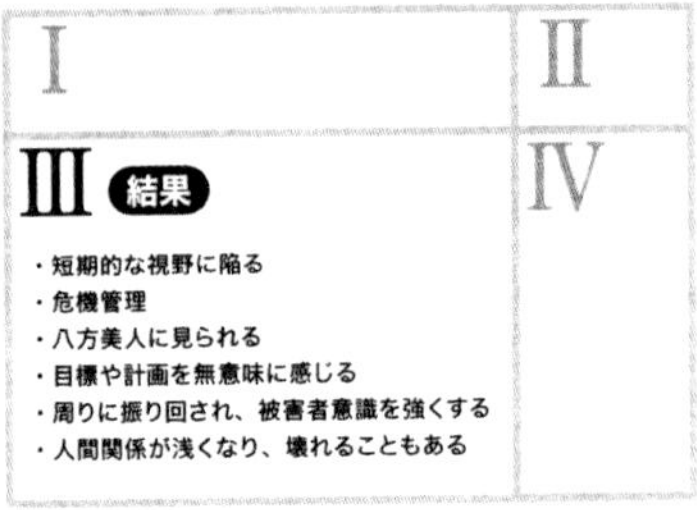

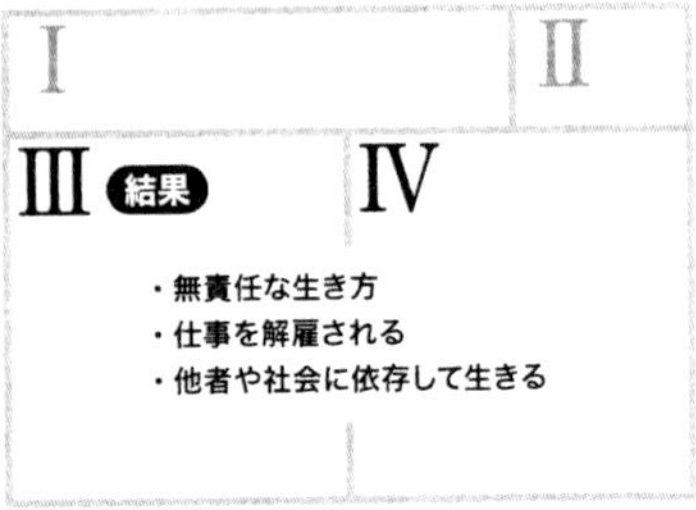

効果的な人々は、第Ⅲ領域と第Ⅳ領域を避けようとする。この二つの領域に入る用件は、緊急であろうがなかろうが、重要ではないからだ。彼らはまた、できるだけ第Ⅱ領域の活動に時間をかけ、生活の中で第Ⅰ領域が占める割合を小さくしていく。

第Ⅱ領域は、効果的なパーソナル・マネジメントの鍵を握る領域である。この領域に入るのは、緊急ではないが重要な活動である。人間関係を育てる、自分のミッション・ステートメントを書く、長期的な計画を立てる、身体を鍛える、予防メンテナンスを怠らない、準備する。こうした活動はやらなければいけないとはわかっていても、緊急ではないから、ついつい後回しにしてしまうことばかりだ。効果的な生き方のできる人は、これらの活動に時間をかけているのである。

ピーター・ドラッカーの言葉を借りれば、効果的な人々は「問題ではなく機会に着目する」のである。機会に餌を与え、問題を飢えさせるのだ。先を見て対策を講じる。彼らとて第I領域の危機や緊急事態に直面することはある。もちろん、そのときはすぐに対応しなければならないが、そうした状況になることが他の人たちに比べると少ない。彼らは緊急ではないが重要なこと、自分の能力を大きく伸ばす第II領域の活動に時間を使い、P／PCバランスをうまくとっているのだ。

この章の冒頭であなたに二つの質問を出し、答えてもらっていた。時間管

問題を未然にふせぐ行動

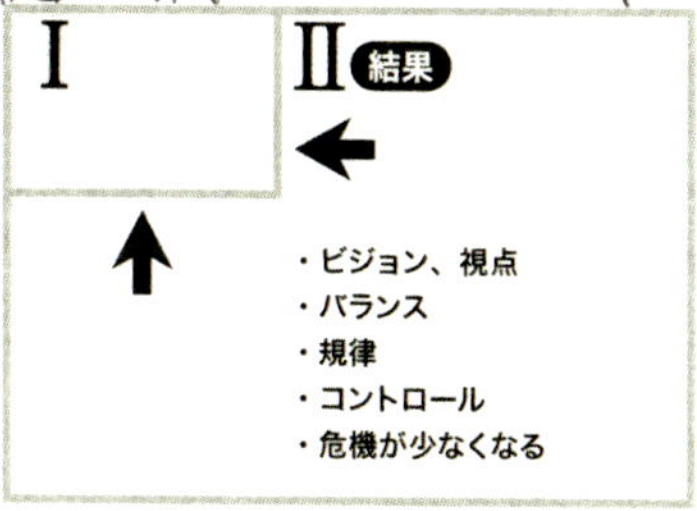

過去の失敗をくり返さないように計画に失敗の可能性を書いておく。例えばこの人に会うとこういう失礼があったらまずい時など。

理のマトリックスを念頭に置き、あなたの答えを考えてみよう。あなたの答えはどの領域に入るだろうか。重要な活動だろうか、緊急の活動だろうか。おそらく、第Ⅱ領域に入るはずだ。とても重要なことではあるのは明らかだが、急を要することではない。急を要さないから、まだ手がついていないのではないだろうか。

もう一度質問を見てみよう。

質問一　現在はしていないが、もし日頃から行っていれば、あなたの私生活に大きくポジティブな結果をもたらすと思うことを一つ挙げるとしたら、それは何だろうか？

質問二　同様に、あなたの仕事や専門分野で、ポジティブな結果をもたらすと思うことを一つ挙げるとしたら、それは何だろうか？

このような効果をもたらす活動は、どれも第Ⅱ領域に入る。それを実行すれば、私たちの生き方ははるかに効果的になるのである。

あるショッピングセンターのマネージャーに同じ質問をしてみた。「日頃から行えば、あなたの仕事に大きくポジティブな結果をもたらすと思うことを一つ挙げるとすれば何ですか？」するとほとんどのマネージャーから同じ答えが返ってきた。ショッピングセンターに入っている店の店長たちと有益な人間関係を築くこと、である。これは第Ⅱ領域に入る活動だ。

次に、彼らがその活動に割いている時間を分析してみた。結果はどうかというと、勤務時間の五％にも満たなかった。むろん、それにはそれなりの理由がある。次から次へと問題が起こるのだから、どうしようもないと皆口々に話す。報告書を書かなければならないし、会議もある。問い合わせに対応しなければならないし、電話をかけなければならない用事や中断に次ぐ中断もある。彼らは第Ⅰ領域の用事に朝から晩まで追われていたのである。

テナントの店長たちとコミュニケーションをとる時間がないも同然だった。かろうじて話す機会といえば、テナント料の集金とか、広告の打ち合わせとか、ショッピングセンターの規則違反を注意するとか、契約に関することばかりで、ネガティブなエネルギーに満ちていた。人間関係を築くコミュニケーションとはほど遠いものだ。

一方、テナントの店長たちは、成長どころか、日々生き延びることに四苦八苦していた。店員の雇用、コスト、在庫等々、頭を悩ます問題を山ほど抱

人の行動を変えるためには信頼関係が重要で、そのために人間関係を改善することが近道の場合である。

えていた。ほとんどの店長は経営の教育を受けたことはなく、何人かはビジネスでは優秀な人もいたが、助けが必要だった。だから、ショッピングセンターのマネージャーとはできれば顔を合わせたくなかったのである。彼らにしてみれば、マネージャーとのコミュニケーションは問題が一つ増えるだけだった。

そこで、マネージャーたちは主体的に行動することにした。自分たちの目的、価値観、優先すべきことを決め、それに従って勤務時間の三分の一をテナントの店長たちとの関係づくりに使うことにしたのである。

行動の変化

私がこのショッピングセンターのマネージャー研修に関わった一年半の間に、テナントとの関係改善に費やされる時間は二〇%くらいに増えた。以前の四倍以上である。それだけでなく、彼らは自分の役割も見直した。店長たちの聴き役に回り、トレーナーとなり、コンサルタントになったのである。店長たちとの交流の時間は、ポジティブなエネルギーに満ちあふれるようになった。

それは絶大な効果を発揮した。時間やテクニックよりも、人間関係や目的の達成に目を向けることによって、ショッピングセンターは売上を伸ばし始めた。新しい経営手法を学んだテナントは経営を軌道に乗せ、マネージャーたちはより効果的になり、充実感を感じられるようになり、新規のテナント希望者が増え、現在のテナントの売上増に伴って賃貸料収入も増えた。マネージャーたちは警察官のようにテナントを見張る立場ではなく、問題を解決する協力者になったのである。

大学生、組立ラインの労働者、主婦、ファッションデザイナー、会社の社長、誰であれ、第Ⅱ領域に何があるのか自分に問いかけ、それらの活動に主体的に取り組めば、このショッピングセンターと同じような結果が得られる。あなたの効果性は飛躍的に向上するだろう。先を見て考え、問題の根っこに働きかけ、危機に発展する前に対処するのだから、第Ⅰ領域の危機や問題は管理できる範囲まで減っていき、たとえ問題が発生してもすぐに解決できるようになる。時間管理の世界では、これをパレートの法則という。つまり、活動の二〇％が結果の八〇％を生むのである。

「ノー」と言うためには

第Ⅱ領域に使える時間をつくるには、第Ⅲ領域と第Ⅳ領域の時間を削るしかない。第Ⅱ領域の予防や準備の活動に力を入れていれば、緊急で重要な活動の第Ⅰ領域は徐々に小さくなっていくが、最初からこの領域を無視するわけにはいかない。とりあえずは、第Ⅲ領域と第Ⅳ領域から第Ⅱ領域の時間を捻出するしかない。

第Ⅱ領域の活動には自分から主体的に取り組まなくてはならない。さもないと、第Ⅰ領域や第Ⅲ領域にすぐに飲み込まれてしまう。第Ⅱ領域の重要な最優先事項に「イエス」と言うためには、他の用事がいくら緊急に見えても、「ノー」と言うことを学ばなければならないのだ。

燃えるような
イエス

しばらく前、妻が地域活動の委員会から委員長になってほしいと頼まれた。その頃、妻はそれこそ重要な仕事をたくさん抱えていたから、本当は引き受けたくはなかった。しかし再三の依頼にどうしても断りきれず、とうとう承諾してしまった。

それから妻は親友に電話し、この委員会の委員になってくれるよう頼んだ。友人はしばらく話を聴いてから言った。「サンドラ、本当に素晴らしいプロジェクトだと思うわ。きっとやりがいがあるでしょうね。声をかけてくれてうれしいわ。光栄よ。でもね、いろいろと事情があって、どうしても都合がつかないの。今回は遠慮させていただくわ。でも、あなたが声をかけてくださって、本当にうれしいのよ。ありがとう」

妻は説得する手だてをいろいろ考えていたが、こんなふうに明るくはっきりと「ノー」と言われては、さすがになすすべがなかった。彼女は私のほうを振り向き、ため息まじりに言った。「私もあんなふうに言えばよかったわ」

私はなにも、意義ある奉仕活動には関わらないほうがいいと言っているわけではない。このような活動は大切だ。だが、自分にとって一番重要なこと、もっとも大切にするべきことを決めたら、それ以外のことには勇気を持って、明るくにこやかに、弁解がましくなく「ノー」と言えなければならない。ためらわずに「ノー」と言うためには、それよりも強い「イエス」、もっと大事なことが、あなたの内面で燃えていなくてはならない。多くの場合、「最良」の敵は「良い」である。

あなたは何かに対しては必ず「ノー」と言ってきたことを思い起こしてほしい。目の前に現れた用事が緊急に見えなかったとしても、それははるかにもっと重要で、あなたの人生そのものに関わる事柄だったのかもしれない。緊急な用事が「良い」ものであっても、それを端から受け入れていたら、あなたにとって「最良」のものに手が回らなくなる。あなたにしかできない貢献ができなくなるのである。

ある総合大学で広報ディレクターを務めていたとき、実に主体的でクリエイティブで才能豊かなライターを採用した。採用から数ヵ月経ったある日、私に回ってきた緊急の仕事を彼に頼みに行った。

彼の返事はこうだった。

「先生からのご依頼でしたら何でもしますが、その前に私の状況を説明させていただけませんでしょうか」

そして彼はホワイトボードがある所に私を連れて行った。そこには、彼が取り組んでいる二十数件の仕事、それぞれの締切りと評価基準が書いてあった。どれもすでに話し合いで決まっていた仕事ばかりである。彼はきちんと自己管理ができる人物だった。だからこの緊急の仕事も、頼むなら彼しかいないと思ったのである。「ものを頼むなら、忙しい人に頼め」と昔から言うではないか。

次に彼はこう言った。

「先生が今おっしゃっている仕事は数日かかります。それを入れるとなると、このボードにある仕事のどれを遅らせるか、キャンセルすればいいでしょうか?」

私はいずれにしても責任を取りたくなかった。私は単にそのとき緊急事態に対応しようとしていただけだった。そんな理由で有能なスタッフの仕事を邪魔したくはなかった。彼に頼もうとしていたのは緊急の仕事だったが、重要ではなかった。だから緊急対応を行う別のマネージャーに頼むことにした。

誰でも毎日、多くの物事に対して「イエス」か「ノー」を選択している。正しい原則を生活の中心に置き、人生のミッションを自覚していれば、そのつど効果的に判断をする知恵を持てるようになる。

私は、いろいろな組織やグループにコンサルティングの仕事をするとき、自分の時間と人生を効果的にマネジメントする方法は、バランスよく優先順位をつけ、それを実行することだと教えている。それから次のような質問をする。「次の三つのうち、あなたの一番の弱点はどれだろう？ ①**優先順位**を決められない ②優先順位に従って**計画**を立てられない、または計画しようという意欲がない ③計画に従って行動するように自分を**律する**ことができない」

するとほとんどの人は、一番の弱点は三番目だと答える。しかしよく考えてみれば、そうではないと私は思う。根本的な問題は、彼らの言っている「優先順位」が頭と心に深く根づいていないことだ。要するに、第2の習慣が

全てにおいて深く考えると疲れてしまうので考えすぎない事を決めるのも重要。物によっては時間が解決する事もある。

しっかりと身についていないのである。

第Ⅱ領域という言葉を認識していようがいまいが、そこに入る活動が大切であることは誰もがわかっている。だから、それらの活動に高い優先順位をつけ、何とか自分を律して生活に取り入れ、実践しようと努力する。しかし、ミッション・ステートメントを定め、原則を生活の中心に置いていなければ、その努力を続けていくための土台がないのである。自分が自然にとる態度や行動、いわば表に出ている「葉っぱ」だけに働きかけて、その基となっている「根っこ」――自分の基本のパラダイム――を見つめ、それが正しいかどうか考えてみようともしないからだ。

深い部分での自分の理解が重要

第Ⅱ領域を重視するパラダイムは、原則中心の考え方から生まれる。仮にあなたが配偶者を人生の中心に据えていたら、あるいはお金、友人、娯楽、その他の外的要因に中心を置いていたら、それらの影響力に反応し、第Ⅰ領域と第Ⅲ領域に簡単に逆戻りしてしまうだろう。自分自身に中心を置いていても、その時どきの衝動に負けて、やはり第Ⅰ領域と第Ⅲ領域に押し戻される。意志の力だけでは、自分中心の生き方を効果的に律することはできないのである。

建築の世界には、「**形態は機能に従う**」という言葉がある。これと同じで、マネジメントはリーダーシップに従う。あなたの時間の使い方は、あなたが自分の時間や優先すべきことをどうとらえているかで決まる。原則中心の生き方と個人的なミッションに基づいて物事の優先順位を決め、それがあなたの心と頭に深く根づいているなら、あなたにとって第Ⅱ領域は、自然と喜んで時間をかけたい場所になるはずだ。

自分の中で大きな「イエス」が赤々と燃えていなければ、忙しくしているだけでそれなりの満足を得られる第Ⅲ領域の仕事や、気楽に時間をやり過ごせる第Ⅳ領域に逃げ込む誘惑にきっぱりと「ノー」と言うことはまずできない。自分が持っているプログラムを見つめる自覚があれば、想像力を働かせ、良心に従って、原則中心の新しい、自分だけのプログラムを書くことができる。そのプログラムこそが、あなたにとっての「イエス」となり、それ以外の大切ではない用件に心から微笑んで「ノー」と言える意志の力を持つことになるのだ。

第Ⅱ領域に入るためには

第Ⅱ領域に時間を使うことが、明らかに効果的なパーソナル・マネジメントの要であるならば、「最優先事項を優先する」ためには、優先すべきことをどのように計画し、実行すればよいのだろうか。

時間管理の第一世代には、そもそも優先順位という概念がない。メモやｔｏ ｄｏ（すべきこと）リストがあるだけで、やったことを一つずつ線で消していけば、その瞬間は達成感を味わえる。しかしリストに書いてある用事に優先順位はついていないし、自分の人生においてもっとも重要な目的と価値観に結びついているわけでもない。単に自分の意識に引っかかり、やらなくてはと思ったことに端から反応しているだけなのである。

多くの人は、この第一世代のパラダイムで自分をマネジメントしている。これが一番抵抗の少ない方法であり、進みやすい道だからだ。痛みもストレスも感じないし、「流れに乗っていく」のは楽だ。外から押しつけられた規律とスケジュールに従っていれば、結果がどうあれ自分には責任がないと感じるだけだ。

しかし、第一世代のマネジメント・テクニックに従う人は、当然のことながら効果的な人ではない。実りある結果はほとんど生み出せないし、成果を生み出す能力（ＰＣ）を育てるライフスタイルとはほど遠い。外の力に振り回されるだけで、周りからは頼りなく無責任な人間だと見られ、自分自身を律するほんのわずかな感覚や自尊心しか持てなくなってくる。

第二世代のマネジメント・テクニックに従う人は、これよりも少しは時間を管理できるようだ。前もって計画し、予定を立てる。約束の時間には必ず姿を見せるから、責任ある人間と見られる。

ところが、彼らがスケジュールに組み込む活動にも優先順位はついていないし、深い価値観や目標を意識して計画を立てているわけでもない。だから意味のある結果はほとんど出せず、ひたすらスケジュールを守ることだけが目的になってしまう。

第三世代になると、大きく進化する。第三世代に従っている人たちは、価値観を明確にし、目標を設定する。毎日予定を立て、活動の優先順位を決める。

先ほど述べたように、現在の時間管理テクニックのほとんどはこの第三世代である。ところが、第三世代にも決定的な限界がいくつかある。第一に、視野が限られる。一日単位で計画を立てていたら、高い視点から広く見渡さなければ見えない重要なことが計画から抜け落ちる。「日々の計画」という言い方自体、緊急の用事だけに目がいきすぎている。とにかく「今」が重要だとなる。第三世代になれば活動に優先順位をつけるが、それらの活動が本当に重要なのかどうかを問うことはない。原則、自分のミッション、役割、目標に照らし合わせてみることもしない。たとえ価値観に従って計画を立てるにしても、基本的には第Ⅰ領域と第Ⅲ領域に入る問題や、その日に起こった危機的状況の処理に優先順位をつけているアプローチにすぎない。

それに加えて、第三世代の時間管理テクニックには、人生における個々人のさまざまな役割をバランスよく管理する視点が欠けている。現実を無視してスケジュールを詰めこみすぎるから、どうしてもストレスがたまり、計画を放り出して第Ⅳ領域に逃げ込みたい欲求も頻繁に湧き起こる。効率だけを追求する時間管理のせいで、人間関係を育てるどころか、関係が殺伐としてくるのだ。

第一、第二、第三世代はどれも、何らかの管理ツールの価値を認めているが、残念ながらどのツールも、原則中心の生き方、第Ⅱ領域の生活をサポートするツールにはなっていない。第一世代のメモ帳やｔｏ ｄｏリストは、ふと気づいたことを忘れないように書き留めることしかできない。第二世代の予定表やカレンダーは、約束を書き込んでおくだけのものであって、約束した時間に約束の場所に行けるだけのことである。

第三世代には多種多様なツールがあるが、基本的には第Ⅰ領域や第Ⅲ領域の活動に優先順位をつけて計画を立てるのを手助けするだけで終わっている。多くのトレーナーやコンサルタントは第Ⅱ領域に含まれる活動の重要性を承知しているが、第三世代のプランニング・ツールやマネジメント・ツールは結局、第Ⅱ領域を中心にした計画と実行をサポートするものにはなっていない。

前の世代を土台にして第三世代まで積み上がってきたのだから、それぞれの世代の長所やツールの一部が第四世代の考え方に生かされているのは確かである。しかし第四世代はまったく新しい次元であり、原則中心の生き方ができ、第Ⅱ領域に入って、自分にとってもっとも重要なことを自分自身で管理するパラダイムと実行を与えてくれる。

第Ⅱ領域ツール

第Ⅱ領域の時間管理は、人生を効果的に生きることを目的としている。正しい原則の中心に従い個人的なミッションを認識し、緊急の用事だけでなく、自分にとって重要なことにも目を向けて生活し、Ｐ（成果）とＰＣ（成果を生み出す能力）のバランスをとりながら、ＰとＰＣの両方を高めていくことである。

第Ⅲ領域や第Ⅳ領域という些細な事柄に埋もれ、毎日の時間を費やしている人にとっては、安易な覚悟で取り組めるものではない。しかし、達成しようと日々努力しているうちに、やがて個人の効果性に驚くべきインパクトをもたらす。

第Ⅱ領域活動のための時間管理ツールは、次の六つの基準を満たしていなければならない。

- **一貫性**――一貫性とは、あなたのビジョンとミッション、役割と目標、優先順位と計画、そして、自分の望みと自制心に食い違いがなく、調和と結束、誠実さがあることだ。したがって、時間管理のツールには個人のミッション・ステートメントを書き込む欄を設けて、折に触れて確認できるようにしておくとよい。また、自分の役割、それぞれの役割の短期目標と長期目標も書き込めるようにしておく。

- **バランス**――時間管理ツールは、あなたの人生全体のバランスがとれるように手助けしてくれるものでなくてはならない。自分のさまざまな役割を明確にし、ツールに書き込んでおけば、健康、家族、仕事、自己啓発など重要な事柄をおろそかにすることなく生活を送れる。

私たちは心のどこかで、一つの分野で成功すれば別の分野で失敗しても補えるはずだと思っている。しかし、本当にそうだろうか。場合によっては、少しの間ならばそれもあるかもしれない。しかしいくら仕事で成功しても、破綻した夫婦関係を補えるだろうか。病気になってしまったら元も子もないし、仕事ができても人格の弱点をカバーできるものではない。本当に効果的な人生を生きるには、バランスが不可欠である。だから第Ⅱ領域の時間管理ツールも、生活のバランスを確立し、維持するための工夫が必要である。

● **第Ⅱ領域へのフォーカス**——第Ⅱ領域に意識を向けさせ、動機づけ、第Ⅱ領域にかけるべき時間を実際にとれるように促してくれるツールが必要であり、それによって危機的な事柄を優先するのではなく、そうした状況を予知・予防することができるようになる。私は、**一週間**単位で計画を立てるのが一番よいと思う。必要なら一日単位で修正し、優先順位を入れ替えることもできるが、あくまでも週全体の計画を立てることがポイントである。

週単位で計画を立てると、一日単位で計画するよりもはるかにバランスがよくなり、流れもスムーズになる。人間の社会はおおむね、一週間は一まとまりの完結した時間として認識されているようである。会社や学校など社会の多くの活動が一週間を単位にしており、一週間の何日か集中して活動したら休むというリズムで社会は動いている。ユダヤ・キリスト教文化では七日のうち一日を安息日とし、自分を高めるための日と理解している。

ほとんどの人は週単位でものを考えている。だが第三世代のツールはたいてい一日単位で区切られている。これでは毎日の活動の優先順位はつけられるかもしれないが、基本的には緊急の用事と雑事の処理のスケジュールを立てているにすぎない。**大切なことは、スケジュールに優先順位をつけることではなく、優先すべきことをスケジュールにすることなのである。**そのためには一週間単位で計画するやり方が最適である。

● **人間関係重視**——時間管理のツールは、スケジュールだけでなく人間関係にも配慮できるものでなくてはならない。時間の使い方だけなら効率で考えてもかまわないが、人間関係はそうはいかない。原則中心の生き方をしている人は、人間関係を**効果**の観点からとらえる。第Ⅱ領域に時間をかけ、原則中心の生活を送ろうとするなら、スケジュールを曲げても人間関係を優先しなければならないことがある。ツールには、このような価値観も含まれていなければならず、スケジュールどおりに進まなかったとしても自己嫌悪を感じずに重要なことを優先できることを手助けするものでなければならない。

● **柔軟性**――あなたがツールを使うのであって、ツールに使われてはいけない。あなたが使いやすいように、自分のライフスタイル、ニーズ、やり方に合わせたツールにすることが大切である。

● **携帯性**――ツールは持ち運びできるものにする。いつも身近にあれば、電車やバスの中で自分のミッション・ステートメントを読み直すこともできる。何か新しいチャンスに巡り合ったとき、すでに入っている予定と比べて、どちらをとるかその場で判断することもできる。持ち運びできるツールなら、大切なデータをいつでも手の届くところに置いておける。

第Ⅱ領域は効果的なセルフ・マネジメントの鍵を握っている。だから、第Ⅱ領域にあなたの意識を向けさせるツールが必要だ。私は第四世代の時間管理について考え、ここに挙げた六つの基準を満たすツールを開発した。しかし第三世代のツールでも、少し手を加えれば第四世代として使えるものもある。原則さえ理解できていれば、実践の方法やツールは人それぞれでかまわない。

第Ⅱ領域をセルフ・マネジメントする

私がこの本に書きたいことは、効果的な人生を生きるための原則であり、それを実践する方法ではない。しかし、時間管理の第四世代の考え方や効果をよく理解してほしいので、原則中心の第Ⅱ領域に基づいて一週間の計画をここで実際に立ててみたい。

第Ⅱ領域を中心にして計画を立てるときは、次の四つのステップを踏む。

一・役割を明確にする――第一段階では、あなたの重要な役割を紙に書いて

今は会社の社長で家庭もあり、NPOの理事もしている。リーダーとして家庭人としてどうあるべきか考えて行動している。

みよう。もし人生における自分の役割を真剣に考えたことがないのなら、思いついたものから書いていってかまわない。まず、個人としての役割がある。家族の一員としての役割なら一つ以上書いてほしい。夫・妻、母親・父親、息子・娘、あるいは家族の範囲をもっと広げれば、祖父母、おば、おじ、いとこなどの役割もあるかもしれない。仕事上の役割に関しては、定期的に時間と労力をかけたい分野が複数あればそれも書き出しておくとよいだろう。教会やコミュニティ活動に参加しているなら、その役割もある。

これから生涯変わらない役割でなければいけない、などと大げさに考える必要はない。次の一週間だけを考え、その七日間に時間をかけたい分野を書けばそれでいい。

ここで、二人の人が書いた役割の例を挙げておこう。

（例1）
1　個人
2　配偶者／親
3　マネージャー（新製品開発）

（例2）
1　自己啓発
2　配偶者
3　親

4　マネージャー（リサーチ）
5　マネージャー（人材開発）
6　マネージャー（経営管理）
7　ユナイテッド・ウェイ会長

4　不動産セールス・パーソン
5　コミュニティ奉仕活動
6　交響楽団理事会メンバー

二．目標設定——次は、それぞれの役割について、これからの一週間で達成したい重要な成果を、一つか二つ考え、それを目標として書き込む（次ページ参照）。

　これらの目標のいくつかは、第Ⅱ領域の活動に関係するものにする。できれば、ミッション・ステートメントを書いたときに明確にした長期的目標に結びついているとよい。まだミッション・ステートメントを書いていなくても、一つひとつの役割に目標を決めていくうちに、何が大事なのかわかってくるはずだ。

三．スケジューリング——ここでいよいよ、ステップ二で決めた目標を念頭に置いて、それらを達成するために必要な時間を一週間のスケジュールに組み込んでいく。仮にあなたの目標がミッション・ステートメントの第一稿を書くことなら、日曜日に二時間はあけたいと思うだろう。日曜日なら自己啓発の活動には最適だし、次の週の計画を立てるにしても区切りがいい。平日の現実から一歩離れ、自分の内面でインスピレーションを探り、原則と価値観に照らし合わせて自分の人生を見渡すよい機会になる（もちろん日曜日でなくとも、あなたの事情に合わせて何曜日でもかまわない）。

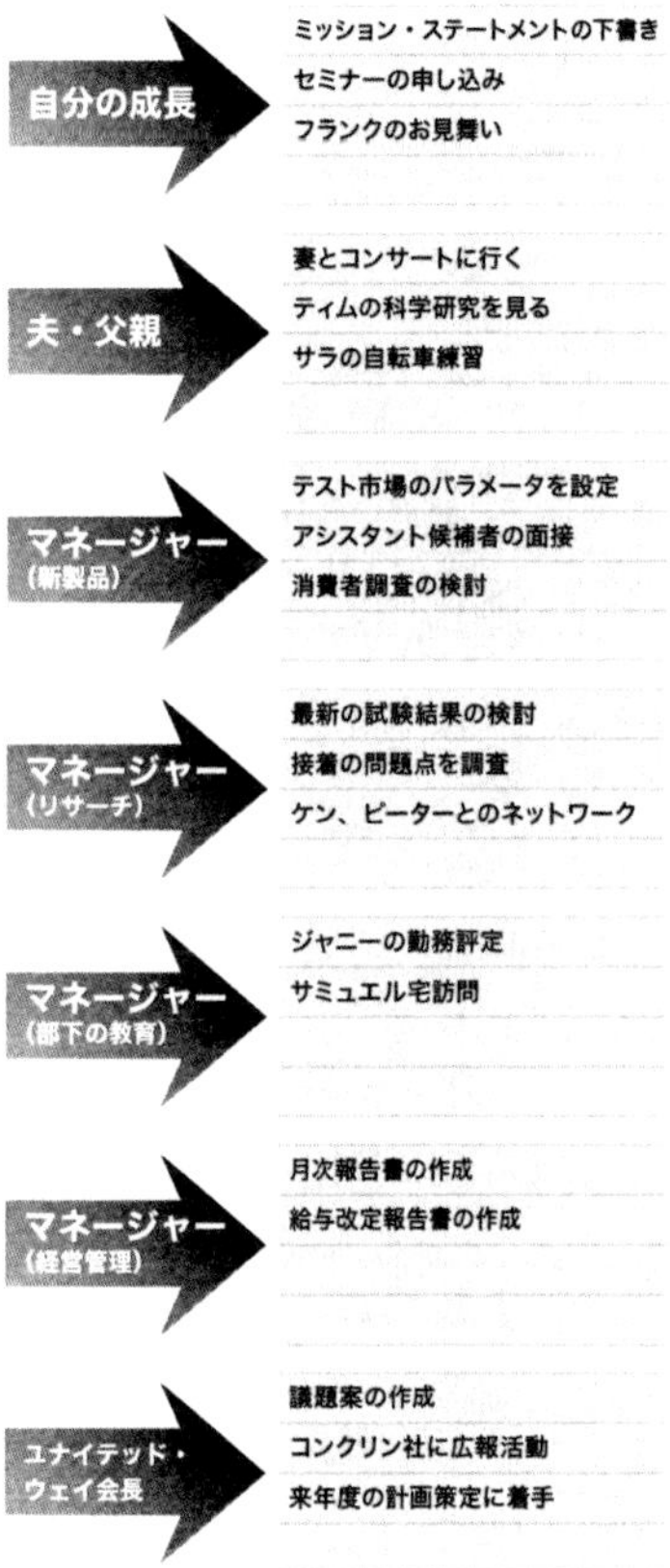

運動で身体を鍛えることを目標にしているなら、一週間のうち三、四日、あるいは毎日一時間ずつ充てるかもしれない。目標によっては会社にいる時間にしかできないこともあるだろうし、子どもたちが家にいる土曜日にしか時間をとれない場合もあるだろう。ここまでくれば、一日単位でなく一週間単位でスケジュールを組むメリットが見えてきただろうか。

役割を明確にして目標を設定したら、それぞれの目標を優先事項として、決まった日に割り当てることができる。その目標の活動を約束事として決めてしまえばなおよい。ここで、年間や月間のカレンダーを見て、すでに入っている約束をチェックする。自分の目標に照らしてそれらが本当に重要な活動かどうか判断し、重要であれば一週間のスケジュールに組み込み、そうでなければ別の日に移すか、キャンセルする。

二九八ページに一週間のスケジュール表を載せてあるので、一九のタスクの中に第Ⅱ領域活動がどのように配分され、具体的な活動計画として組み立てられているか確かめてみてほしい。さらに、ページの左上に「刃を研ぐ」という見出しのついた囲みがある。ここには、人間だけに授けられた四つの側面（肉体、社会・情緒、知性、精神）のそれぞれを再生させる活動を書き込む。「刃を研ぐ」は第7の習慣であり、後ほど詳しく説明するが、これも第Ⅱ領域に入る重要な活動である。

一週間に一九個もの目標に取り組む時間をとっても、スケジュール表にはまだ余白がたくさん残っている！　第Ⅱ領域の活動を中心に一週間のスケジュールを立てれば、最優先事項を優先するだけでなく、予期していなかったことが起こっても対応でき、必要ならばスケジュールを変更できる。もちろん、人間関係を大切にし、人付き合いをおろそかにすることもなくなり、自発的な生活を心から楽しむことができる。それもこれも、自分の人生のあらゆる役割で重要な目標を達成するために、主体的に一週間の計画を立てたのだと自覚できているからなのだ。

四．一日単位の調整——第Ⅱ領域を中心にした一週間の計画を立てていれば、毎日の計画は、その日の用事の優先順位を決めるだけで、予定外の出来事への対応や人との約束、有意義な経験に対応できるようになる。

毎朝、数分程度スケジュール表を見直せば、一週間の計画を立てたときに価値観に基づいて決めた目標を再確認できるし、予定外のことが起きていればスケジュールを調整できる。その日の予定を見渡すと、あなたの内面にある本来のバランス感覚が、あなたの役割と目標に自然なかたちで優先順位をつけていることがわかるはずだ。個人のミッションを意識できているからこそ、右脳の働きで優先順位が無理なくすんなりと決まるのである。

それでも、毎日の活動は第三世代のテクニックを使ってA、B、Cや1、2、3といった優先順位をつけ、整理したほうがよい場合もあるだろう。ある用事を重要か重要でないかと判断するのは誤った二者択一だ。重要度というのは相対的なものだから、この用事はあれと比べれば重要だくらいの差しかない。一週間単位の計画を活用して、日々第三世代の優先順位づけの手法を使えば、日々フォーカスすることに秩序をもたらす。

しかし、自分の人生のミッションや生活のバランスにどのように影響を与えるのか考えずに、ただやみくもに優先順位をつけていては、効果性を期待できない。やりたくはないことや、まったくやる必要のないことに優先順位をつけて実行する、などということにもなりかねない。

原則を中心にし、第Ⅱ領域に焦点を合わせて一週間の計画を立てる場合と、原則以外を中心にして一日ごとに計画を立てる場合との違いが見えてきただろうか。第Ⅱ領域に目を向けることによって、あなたの現在の効果性にもたらされる大きな変化を感じ始めているだろうか。

原則中心の生き方、第Ⅱ領域を重視して生活することによる劇的な効果は、私自身、身をもって体験している。私と同じようにして人生を大きく変えた人も何百人と見てきた。だから、本当に人生が変わる、そう自信を持って断言できる。ポジティブな方向へ飛躍的に変わるのだ。一週間の目標が正しい原則という大きな枠組みの中に入っていて、個人のミッション・ステートメントに一致している人ほど、効果的な人生に近づいていくのである。

第Ⅱ領域に生きる

ここでもう一度、コンピューターのたとえ話を思い出してほしい。第１の習慣が「あなたがプログラマーである」、第２の習慣が「あなたがプログラムを書く」ことだとすれば、第３の習慣は「あなたがプログラムを実行する」あるいは「プログラムどおりに生きる」ことである。プログラムの通りに生きるには、意志、自制心、誠実さ、決意が要る。さらに、短期的な目標とスケジュールだけでなく、あなたの目標やスケジュール、生き方そのものに意味とつながりを与える正しい原則、あなたのもっとも深い価値観に従って生きる覚悟も要るのである。

一週間の計画を立て、それを実行していく間には必ず、あなたの誠実さが試される場面が訪れるだろう。緊急だが重要ではない第Ⅲ領域の仕事を誰かから頼まれ引き受けたり、その人を喜ばせたいと思ったり、第Ⅳ領域という楽しみに逃げ込んでしまいたい誘惑にかられたりすると、計画していた第Ⅱ領域の大事な活動が圧迫され、押しやられてしまうおそれがある。しかし、原則中心の生き方ができていれば、自覚と良心に従い、このような場面でも心の安定は

長期的な計画

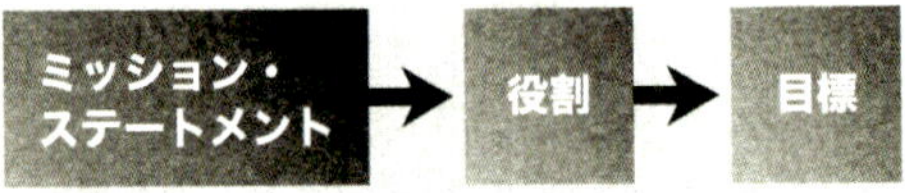

一週間の計画

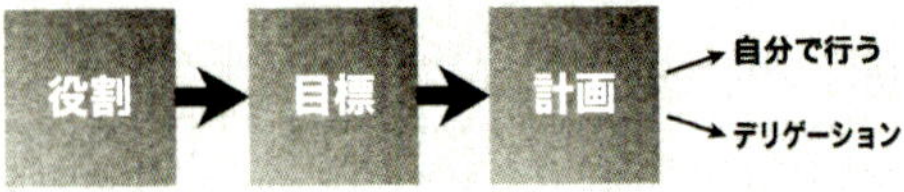

崩れず、自分の指針と知恵を働かせて、本当に優先すべきことを意志によって優先できるのである。

とはいえ、人間は全能ではないのだから、本当に優先すべきことがすべて事前にわかるとは限らない。どんなに吟味して一週間の計画を立てていても、正しい原則に照らしてみて、スケジュールを曲げてでも優先しなければならないさらに価値あることが発生することはある。原則中心の生き方をしていれば、そのような突発的な事態になっても、心穏やかに、スケジュールを変更できるのである。

私の息子の一人は一時期、スケジューリングや効率性の追求に首までどっぷりと浸っていた。ある日の予定は、それこそ分刻みで決まっていた。本を受け取りに行く、車を洗う、そしてこともあろうに、ガールフレンドのキャロルと「別れ話をする」ことまでスケジュール表に書き込まれていた。

その日、すべては予定どおりに進んだ。キャロルとの別れ話のところまでは。二人は長い間交際していたが、息子は、このまま付き合っていてもいずれうまくいかなくなるという結論に達していた。そこで自分の効率的スケジューリングに従い、彼女にその結論を電話で伝える時間として一〇分か一五分を予定したわけ

	日 Thursday	日 Friday	日 Saturday	日 Sunday
8				①ミッション・ステートメントの下書き
9	⑪接着の問題点を調査	⑩最新の試験結果の検討		
10				
11				
12		⑱コンクリン社に広報活動		
1				
2				
3	⑬ジャニーの勤務評定	⑮月次報告書の作成		
4				
5				
6	⑰議題案の作成			
7			④妻とコンサートに行く	
8	⑲来年度の計画策定に着手			

Daily Tasks	Daily Tasks	Daily Tasks	Daily Tasks
	⑭サミュエル宅訪問		

役割と目標
役割　刃を研ぐ
肉体
社会・情緒
知性
精神
役割　自分の成長
目標　①ミッション・ステートメントの下書き
②セミナーの申し込み
③フランクのお見舞い
役割　夫・父親
目標　④妻とコンサートに行く
⑤ティムの科学研究を見る
⑥サラの自転車練習
役割　マネージャー（新製品）
目標　⑦テスト市場のパラメータを設定
⑧アシスタント候補者の面接
⑨消費者調査の検討
役割　マネージャー（リサーチ）
目標　⑩最新の試験結果の検討
⑪接着の問題点を調査
⑫ケン、ピーターとのネットワーク
役割　マネージャー（部下の教育）
目標　⑬ジャニーの勤務評定
⑭サミュエル宅訪問
役割　マネージャー（経営管理）
目標　⑮月次報告書の作成
⑯給与改定報告書の作成
役割　ユナイテッド・ウェイ会長
目標　⑰議題案の作成
⑱コンクリン社に広報活動
⑲来年度の計画策定に着手

	日 Monday	日 Tuesday	日 Wednesday
8			
9			⑦テスト市場のパラメータを設定
10			
11	⑧アシスタント候補者の面接		
12			
1		⑨消費者調査の検討	
2			
3			
4	③フランクのお見舞い		
5			
6		⑤ティムの科学研究	
7	⑥サラの自転車練習		
8			

Daily Tasks	Daily Tasks	Daily Tasks
⑯給与改定報告書の作成	②セミナーの申し込み	⑫ケン、ピーターとのネットワーク

である。

当然、この別れ話はキャロルにとっては大きなショックだった。一時間半経っても、息子は彼女と真剣な話し合いを続けていた。一回会って話をしても十分ではなかった。別れ話というのは、どちらにとっても精神的につらい体験である。

繰り返して言うが、人との関係を**効率**で考えることはできない。モノは**効率**で考えられるが、人に対しては**効果**の観点から考えなければならない。私自身のこれまでの経験からしても、自分と違う意見の人に**効率的**に意見の違いを説明しようとしてうまくいったためしはない。わが子や会社の社員が何か問題を抱えたとき、一〇分間の「質の高い時間」を使って解決しようとしたこともあったが、そのような効率優先の態度は新たな問題を生むだけで、根本的な問題の解決にはならないことも思い知らされた。

多くの親は、とりわけ小さな子どものいる母親は、やりたいことがいろいろとあるのに、一日中子どもに手がかかり、何もできないと感じてイライラを募らせることがよくある。だが思い出してほしい。イライラするのは、期待どおりにいかないからであり、そして期待というのはたいてい社会通念の鏡に映っていることであって、自分自身の価値観や優先するべきことから生まれるものではない。

しかし、第2の習慣があなたの頭と心に深く根づいていれば、自分の中にあるより高い価値観に従って行動できる。あなたは、その価値観に基づいて誠実にスケジュールを立てることができる。そして、柔軟に適応することができる。スケジュールを守れないことがあっても、変更を強いられたときも、罪悪感を感じることはない。

第四世代の利点

第三世代の時間管理ツールに多くの人が抵抗感を覚えるのは、一つには自主性が奪われるからである。融通がきかず、身動きがとれなくなるからだ。人間よりもスケジュールが優先されるという、本末転倒の状態である。それは、時間管理の第三世代のパラダイムは「効率重視」であり、**人はモノよりも大切であるという原則に反している**からだ。

第四世代のツールは、この原則を取り入れている。そして、自分自身を効率よく動かすのではなく、自分自身が効果的に生きることが何よりも重要であるという認識に立っている。第四世代のツールは、第Ⅱ領域の活動に自然と時間を使えるように働きかける。それは原則を理解し、原則を中心に置いて生活できるようになり、目的と価値観が明確なかたちで示され、それに従って日々の決断を下せるようになる。バランスのとれた人生を生きられる。一日単位で計画を立てる限界を超え、視野を広げて一週間を見渡し、スケジュールを組むことができる。すでに計画してあることよりも価値の高い重要な用件が発生したときも、自覚と良心を働かせれば、あなたにとってもっとも重要な目的と正しい原則に従い、自分を裏切らない選択ができる。第四世代のツールは、ロードマップではなく、コンパスなのである。

第四世代のセルフ・マネジメントは、次の五つの点で第三世代よりも優れている。

一．**原則中心**であること。第Ⅱ領域の活動が大事だと口で言うだけでなく、本当に重要で効果的なことは何かという視点に立って時間を使う考え方、パラダイムを、自分の中に植えつけられる。

二．**良心に導かれている**こと。自分の内面の奥深くにある価値観との調和を保ちながら、自分の能力を最大限に発揮できる計画を立てることができる。その一方で、もっと価値の高い重要な用事が発生したら、心穏やかにスケジュールを変更できる自由も得られる。

三．**価値観や長期的な目標を含めて、自分だけに与えられたミッションを明確にできること**。これによって、進むべき方向をはっきりと見て、目的意識を持って毎日を生きることができる。

四．**人生における自分の役割が明確になることで、バランスのとれた生き方ができるようになる**。そして毎週、それぞれの役割の目標を定め、活動の予定を組む。

五．**一週間単位のスケジューリングによって視野が広がる**こと（必要に応じて一日単位で変更や調整を加えられる）。一日単位の狭い視野から解放され、一週間単位で大局的に物事をとらえ、広い視野で自分の重要な役割を再認識し、内面のもっとも奥深くにある価値観を見つめることができる。

これら五つの**利点**に共通しているのは、あくまでも時間は二番目であり、人間関係と結果を第一に重視しているということだ。

デリゲーション：PとPCを高めるために

すべてのことを達成するには、自分の時間を使って実行するか、人に任せるか、どちらかしかない。ここで大事なのは、自分の時間を使うときは効率性を考え、人に任せるときは効果性を考えることである。

人に頼むとかえって時間がかかるし労力も使うからと、デリゲーションを嫌がる人は多い。自分でやったほうがうまくできるからと思うかもしれないが、人に効果的に任せることができれば、自分の能力を何倍にも生かせるのである。

確かな技術や知識を持っている人に仕事を任せれば、その間にあなたは自分にとってもっと重要な活動にエネルギーを注ぐことができる。個人であれ組織であれ、デリゲーションこそが成長をもたらすと言っていい。故J・C・ペニー（訳注：アメリカの実業家）は、「生涯で最良の英断は、自分一人の力ではもうすべてを切り盛りすることはできないと悟ったときに、手放したことだ」と言っている。彼のこの決断があったからこそ、J・C・ペニーは何百もの店舗と何千人ものスタッフを擁して展開する大手デパートチェーンに成長したのである。

会社の成長はリーダーの器以上に大きくならない。リーダーを増やしまかせる事が大事。

デリゲーションは他者が関わることだから、「公的成功」の分野に入る。だから第4の習慣で取り上げるべきテーマだが、この章ではパーソナル・マネジメントの原則に焦点を当てているので、パーソナル・マネジメントのスキルという観点から、ここで取り上げようと思う。デリゲーションできる能力の有無が、マネージャーとして働くか、もしくは一スタッフとして働くかを区別する決定的な違いなのである。

一スタッフは、望む結果（黄金の卵）を得るために必要なことは何でも自分の手で行う。皿を洗う親も、図面を引く建築家も、手紙を書く秘書も皆、一スタッフとして仕事しているわけである。

しかし、人やシステムを使って生産体制をつくり黄金の卵を生産する人は、相互依存の意味でマネージャーということになる。親が皿洗い

デリゲーションの支点

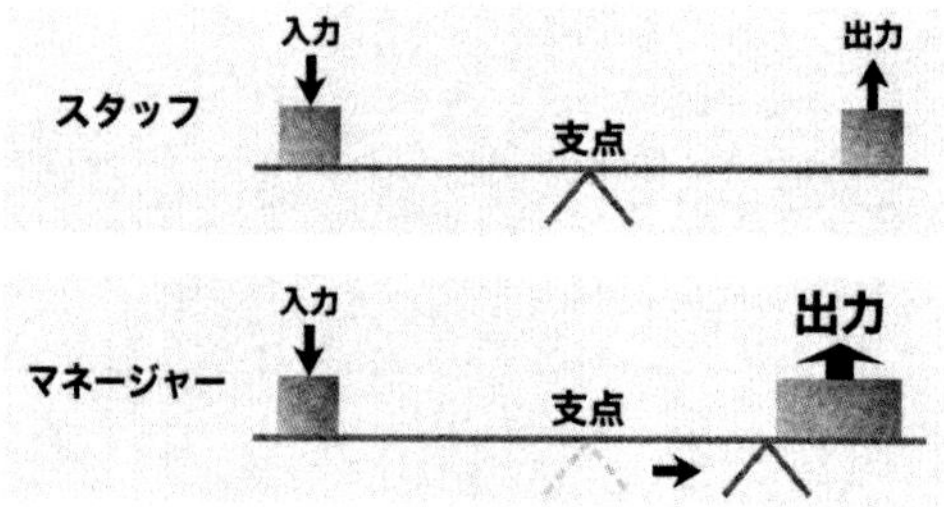

を子どもに任せれば、親はマネージャーであり、何人もの建築士のチームをとりまとめてプロジェクトを進める建築家はマネージャーである。他の秘書や事務職員を監督する立場の秘書もマネージャーである。

スタッフは、効率を落とさずに仕事を続けられると仮定して、一時間働いて一単位の結果を生産する。

それに対してマネージャーは、うまくデリゲーションできれば、同じ一時間の労力で一〇単位、五〇単位、あるいは一〇〇単位の結果を生産できる。マネジメントとは基本的に、テコの支点をずらすことだ。つまり、効果的なマネジメントの鍵を握っているのは、デリゲーションなのである。

使い走りのデリゲーション

デリゲーションには基本的に二種類ある。使い走りのデリゲーションと全面的なデリゲーションである。使い走りのデリゲーションは、「これを取ってこい、あれを取ってこい、これをやれ、あれもしろ、終わったら私を呼べ」というやり方だ。スタッフのほとんどは、使い走りのデリゲーションのパラダイムで仕事をしている。ジャングルで手斧を使い、下草を刈っていた男たちのたとえ話を思い出してほしい。彼らはスタッフである。袖をまくりあげ、せっせと作業を進める。彼らのようなタイプは、たとえマネージャーに昇進しても、スタッフのパラダイムから抜け出せず、使い走りのデリゲーションしかできない。他者が結果に対して決意できるような全面的なデリゲーションの仕方を知らないからだ。仕事のやり方をいちいち指定して管理しようとするから、結果に対する責任も自分で全部背負うことになる。

家族と湖に遊びに行ったとき、私自身も使い走りのデリゲーションをしてしまった。息子が水上スキーをしていたときのことである。息子は水上スキーが上手で、私は彼の雄姿を写真に撮りたかった。しかし私はボートを操縦していたので、カメラを妻のサンドラに渡し、撮影を任せた。

フィルムが残り少なくなっていたので、タイミングを見計らって撮るように指示した。しかし妻がカメラを使い慣れていないことに気づき、もう少し具体的に指示することにした。「太陽がボートの前に来るのを待って、あいつがジャンプするか、ターンして肘が湖面に接触する瞬間を撮るんだ」

しかし、フィルムは少ない、妻はカメラをうまく使えない、そう思えば思うほど、私の不安は募った。私はついに、「サンドラ、僕がボタンを押せと言ったら押すんだ。わかったね」と言った。それからの数分間、私は叫び続けた。「撮れ！　今だ、撮れ！　撮るな！　撮れ！　撮るな！」妻にいちいち指示しなければきちんと撮れないのではないかと、心配でたまらなかったのだ。

　これは典型的な使い走りのデリゲーションである。私は妻に一対一でやり方を指示し、監督していた。多くの人が普段やっているのは、このようなデリゲーションである。しかし、任せた人間の行動にいちいち目を光らせるとなれば、そう何人もマネジメントできるものではない。だから、使い走りのデリゲーションで出せる結果はたかが知れているのである。

　他者にデリゲーションするなら、より良い方法、より効果的な方法がある。相手の自覚、想像、良心、意志を尊重してデリゲーションするのである。

全面的なデリゲーション

　全面的なデリゲーションは、手段ではなく結果を重視する。手段は自由に選ばせ、結果に責任を持たせる。初めは時間がかかるが、その時間は決して無駄にはならない。全面的なデリゲーションを続けていれば、テコの支点が

任せる事で豊かになる

向こうにずれていく。テコの作用が増し、大きな力になる。

全面的なデリゲーションを行うには、次の五つを明確にし、何が期待されているのかをお互いに理解し、納得しなければならない。

- **望む成果**——何を達成しなければならないのかをお互いにはっきりと理解する。**何を達成するか**であって、**どうやって達成するか**ではない。**手段**ではなく結果について、時間をかけて納得するまで話し合う。望む結果をお互いに思い描く。相手がその成果をイメージし、明確にできるように、成果がどのように見えるか具体的な文章で表現し、いつまでに成し遂げる必要があるのか期限も決めておく。

- **ガイドライン**——守るべき基準やルールがあれば、明確にしておく。手段を細かく指示することにならないように、ガイドラインはできるだけ少ないほうがよいが、絶対に守らなければならない制約があるならば伝える。目的を達成できれば何をしてもいいのだと誤解させてしまったら、長年の決まりごとまで破ってしまうことにもなりかねない。そうなってしまったら、相手は率先力を失い、「どうしたらいいのか指示してくださ

工場のような組織であればマニュアルとして数値管理すれば良いがクリエイティブな組織では難しい面もある。

い。そのとおりにやりますから」と使い走りのマインドに戻ってしまう。

失敗する可能性の高いところがわかっているなら、最初に教えておく。どこでつまずきやすいか、どこに落とし穴があるか、率直に全部話す。車輪を毎日ゼロからつくり直すようなことは避けたい。これまで自分や他の人間がした失敗を無駄にせず、学習できるようにすることが大事だ。失敗しそうなところ、**してはいけないこと**を指摘するのであって、**すべきこと**を指示するのは控える。任せる相手に責任を持って最後までやらせたいなら、ガイドラインの範囲内で必要なことを自由にやらせることが大切だ。

- **リソース**――望む結果を達成するために使える人員、資金、技術、組織、リソースを明確にしておく。
- **アカウンタビリティ**――成果を評価する基準を定め、仕事の進捗の報告を求める時期、評価を行う時期を具体的に決めておく。
- **評価の結果**――評価の結果として、良いことも悪いことも具体的に話しておく。金銭的、精神的報酬が期待できるのか、仕事が拡大するチャンスがあるのか、組織全体のミッションに影響する結果なのかどうかを明確にする。

息子にデリゲーションしたときの経験を話そう。

何年か前のある日、わが家の価値観に照らして家族の役割分担をするために、壁に貼ったミッション・ステートメントの前で家族会議を開いた。

私は大きな黒板を出し、家族の目標とそれを達成するための作業を書き出した。次に、それぞれの作業を担当する希望者を募った。

「家のローンを払いたい人は？」と聞いてみた。手を挙げたのは私だけだった。

「保険料、食費、自動車のローンを払いたい人は？」これも私。私の独占状態が続いた。

「赤ちゃんに食事をあげたい人は？」ここにきてようやく皆も興味を示し始めたが、この仕事にしかるべき資格を持つのは妻だけだった。

リストを一つずつ追っていくと、私と妻の仕事は週六〇時間以上にもなることがわかった。子どもたちはこの事実を知ると、家の手伝いに対する見方が変わったようだった。

当時七歳だった息子のスティーブンは、庭の手入れをすると申し出た。その仕事を実際に任せる前に、私は息子に庭仕事の仕方を徹底的に教えることにした。まず、手入れの行き届いた庭がどういうものか、はっきり見せておこうと、隣の家の庭に連れていった。

「見てごらん。ここのお宅の芝生は緑色できれい《グリーン・アンド・クリーン》だろう？ うちの芝生を見てごらん。いろいろな色が混じっているのが見えるだろう。これじゃだめだ。全部緑色じゃないからな。うちの庭も**緑色できれい**《グリーン・アンド・クリーン》な芝生にしたいんだ。どうやって緑色《グリーン》にするかはおまえの自由だ。どんなふうにやってもいいけれど、緑色のペンキを塗るのだけはやめてくれよ。父さんだったらどうするか、教えてあげようか？」

「うん、教えて」

「父さんだったらスプリンクラーのスイッチを入れるね。でもおまえはバケツで水を運んでもいいし、ホースを使ってもいい。おまえの好きにしていい。芝生が緑色になればいいんだから」

「うん、わかった」

「じゃあ、次は『きれい《クリーン》』のほうだ。きれいというのは、散らかっていないという意味だ。紙くずや紐、犬が噛む骨、小枝とか、いろんなものが芝生の上に散らかっていないことだ。どうだ、少しやってみるか。庭の半分だけ片づけて、どんなふうに違うか見てみよう」

私たちはゴミ袋を持ってきて、庭の半分だけゴミを拾った。

「こっち側を見てごらん。あっちと比べてごらん。全然違うだろう？　これが『きれい』だ」

「待って！」息子が言った。「あそこのやぶの後ろに紙くずがある！」

「ほんとうだ。父さんはあの新聞紙には気がつかなかった。スティーブンはいい目をしているな」

私は続けた。

「おまえがこの仕事を引き受けるかどうか決める前に、あと少し言っておきたいことがある。おまえがこの仕事を引き受けるなら、父さんはもう何もしないよ。これはおまえの仕事だ。おまえに任せるんだ。任せるというのは、スティーブンを信頼して、この仕事をやってもらうということだ。父さんはおまえがこの仕事をやれると信じて任せるんだよ。さて、おまえのボスは誰かな？」

「父さんでしょう？」

「違う。父さんじゃない。おまえだよ。おまえが自分のボスになる。父さんや母さんにいつもガミガミ言われたらどう思う？」

「いやだよ」

「父さんと母さんも同じだ。ガミガミ言っている自分がいやになる。だから、おまえが自分のボスになるんだ。じゃあ、ボスの部下は誰かな？」

「誰？」

「父さんさ。おまえは父さんのボスなんだ」

「ぼくが父さんのボス？」

「そうだよ。でも父さんが手伝える時間はそんなに多くない。出張することもあるからね。でも家にいるときは、何を手伝ってほしいか言ってくれれば、手伝うよ」

「わかった」

「それでは、おまえの仕事ぶりを検査するのは誰だろう？」

「誰？」

「おまえさ」

「ぼく？」

「そうだよ。週に二回、一緒に庭を見てまわろう。庭がどんなふうになっているか、おまえが父さんに報告するんだ。どうなっていればいいんだっけ？」

「緑色できれい《グリーン・アンド・クリーン》」

「そのとおり！」

息子はこの仕事を引き受ける準備ができたと思えるまで、私は「緑」と「きれい」の二つの言葉を教え続けた。そして二週間後、仕事を任せる日がやってきた。

「もう決めたかい？」

「うん」

「仕事は何かな？」

「緑色できれいな庭にする」

「緑というのは？」

息子は、わが家の庭を眺めた。次に隣家の庭を指さして言った。

「お隣の庭の色だよ」

「じゃあ、きれいというのは？」

「散らかっていないこと」

「ボスは？」

「ぼく」

「手伝うのは？」

「父さん。時間があるとき」

「評価するのは？」

「ぼく。週に二回、いっしょに庭を見てまわって、どうなっているのか父さんに報告する」

「何を見るのかな?」

「緑《グリーン・アンド・クリーン》できれい」

そのときは小遣いの話は特にしなかったが、このような責任の遂行に報酬をつけることに、私としては何ら異存がなかった。

二週間かけて二つの言葉を教えた。息子はきちんとできると思った。

約束したのは土曜日だった。その日、息子は何もしなかった。日曜日も、何もしない。月曜日もさっぱり。火曜日、仕事に行こうと車庫から車を出すと、庭が目に入った。黄ばんだ芝生、ゴタゴタと散らかった庭に七月の太陽が照りつけている。「今日はきっとやるだろう」と私は思った。土曜日は約束した日だったから、すぐにやらなくとも仕方がないだろう。日曜日は他にもいろいろ大切なことがあったから、まあ仕方がないといえば仕方がない。だが月曜日に何もしなかった説明はつかない……そして今日はもう火曜日だ。今日こそはやるだろう。夏休みにも入ったし、他にとり立ててすることはないはずだ……私はそう考えながら仕事に出かけた。

どうなっていることかと、家に帰りたくて仕方なかった。夕方、職場を出て家に向かい、角を曲がって私が目にしたのは、朝とまったく同じ状態の庭だった。しかも息子は道路の向こう側にある公園で遊んでいるではないか。

受け入れられる状況ではなかった。二週間も訓練し、約束したというのに、このありさまだ。私は腹が立ち、息子にがっかりした。労力もお金も注ぎ込んできた自慢の庭だった。それがすべて水の泡になるのは目に見えていた。それにひきかえ隣の庭は丹精され、美しかった。私はいたたまれない気分だった。

もう我慢できない。いっそのこと使い走りのデリゲーションに戻ろうか。「スティーブン、ここに来てすぐにゴミを拾いなさい」と命じれば、黄金の卵を手に入れられることはわかっていた。だがガチョウはどうなるだろう。息子の本心からの決意はどうなるだろうか。

私はつくり笑いをして声をかけた。「おーい、元気かい？」

「うん！」と息子は答えた。

「芝生はどうだい？」そう言った瞬間、息子との合意に違反したことに気づいた。報告は息子のほうからすることになっていた。私が報告を求める約束にはなっていなかった。

父さんが合意を破ったのだからぼくだって、と思ったのか、息子はしらじらしくも「うまくいっているよ！」と答えた。

私は何も言わずにぐっとこらえ、夕食の後まで待ってから、切り出した。「約束したように一緒に庭を見てみよう。おまえの仕事ぶりを父さんに見せてくれないか」

外に出ると、息子の唇が震え始めた。目に涙をためている。庭の中ほどまで進んだときには、めそめそ泣いていた。

「だって、大変なんだもん！」

私は内心思っていた――**大変？ いったい何が？ おまえは何一つやっていないのに！** しかし私にはよくわかっていた。自分を管理し、自分を監督することが大変なのだ。私は言った。「手伝えることはあるかな？」

「手伝ってくれるの？」と泣き声で言う。

「父さんは何と約束していた？」

「時間があれば手伝ってくれるって」

「今は時間があるよ」

息子は家に走っていき、ゴミ袋を二枚持ってきた。その一枚を私に手渡し、土曜の夜のバーベキューで出たゴミを指さして、言った。「あれ、拾ってくれる？ 気持ち悪くて、触れなかったんだ」

私は言われたとおりにした。そのときになって初めて、息子は心の中で合意書

人は愛したり愛されたりする幸せを感じる。愛の原則は信頼なの。信頼出来る人と皆時間を使いたい。

にサインしたのである。そこは彼の庭になった。彼が責任を持つ庭となったのだ。

その年の夏、息子が私に助けを求めたのは二〜三回ほどだった。ほとんど自分の力だけで庭を手入れした。私が手入れしていた頃よりも緑濃く、きれいに片づいていた。兄弟たちがチューインガムの包み紙でも落とそうものなら、厳しく叱ったりしていた。

信頼ほど人にやる気を起こさせるものはない。信頼されていると思えば、人は自分の最高の力を発揮する。だが、それには時間と忍耐が要る。信頼に応えられるレベルまで能力を引き上げる訓練も必要だ。

全面的なデリゲーションが正しくできれば、任せたほうにも任されたほうにも収穫があるし、はるかに少ない時間ではるかに多くのことができる。家族の中でも、まずは一対一で仕事を教え、うまく分担して任せることができれば、一人一日一時間くらいの労力ですべての家事を片づけられるはずだ。しかしそうするには、自分で行うだけでなく、マネジメントとして内面の能力を身につけなければならない。デリゲーションにおいては、効率ではなく効果を考えなくてはならないのだ。

更に能力だけでなくまかせる相手の人間性を知る事が大事。まかせたらやる気が出る人もいれば、細かく指導してほしい人もいる。

たしかに、部屋の掃除はあなたのほうが子どもよりもうまいし、早くできる。しかし大切なのは、子どもが自分から部屋を掃除するようになることだ。その力を引き出すには時間が要る。掃除の仕方を教えなければならない。しかしここでどんなに時間がかかっても、先々ではどれほど価値あることだろう！　長い目でみれば、非常に大きな助けになることだろう。

このようなアプローチは、デリゲーションの完全に新しいパラダイムとなる。人間関係の本質を変えるほどのパラダイムシフトになる。任された人は自分が自分のボスになり、お互いに合意した「望む成果」を達成することを決意し、良心に従って行動する。それだけでなく、正しい原則に調和しながら、成果を出すために必要なことをいろいろと工夫する創造力も引き出される。

全面的なデリゲーションの根底には原則が存在する。だから、誰にでも、どんな状況にも応用できる。任せる相手の能力が未熟なら、望む結果のレベルを下げ、ガイドラインを増やし、リソースを多めに用意し、進捗の報告を受ける機会を頻繁に設け、結果がすぐにわかるようにする。能力の高い者であれば、より高い能力が試されるレベルにし、ガイドラインを少なくし、報告の頻度も減らしてなるべく干渉しないようにし、数値の基準よりも出来栄

能力の見極めが大事

えの基準を増やせばよい。

効果的なデリゲーションは、恐らく効果的なマネジメントのもっとも適切な先行指標となる。それは、個人および組織の成長に欠かすことのできない基礎となるものである。

第Ⅱ領域のパラダイム

自分を律するにしても、デリゲーションによって人をマネジメントするにしても、効果的なマネジメントの鍵は、テクニックやツール、外部要因にはない。マネジメントの能力はあなたの中に育つものだ。第Ⅱ領域のパラダイムを理解し、自分の内面に根づかせれば、緊急度ではなく重要度のレンズを通して物事を見られるようになる。それがマネジメントの鍵である。

付録Bに「職場で実践する第Ⅱ領域の一日」という実践例があるので、ぜひ読んでほしい。このパラダイムがあなたの効果性に、どれほど大きなインパクトを与えるのかわかるだろう。

第Ⅱ領域のパラダイムを理解し、実践していくうちに、あなたの内面の奥深くから生まれる優先順位に従って毎週の計画を立て、実行できるようになり、言行が一致するようになる。あなたはもう、自分の外にあるものの力に頼らずとも、自分の力で自分の人生を効果的にマネジメントできるようになる。

興味深いことに、「7つの習慣」はどれも第Ⅱ領域に入る。どの習慣も人間にとって根本的に重要なことを教えている。これらの習慣を日頃から実践すれば、私たちの人生は大きく変わる。驚くほど実用的な違いを人生にもたらすのだ。

第3の習慣：最優先事項を優先する　実践編

1 あなたが今まで取り組んでこなかった第Ⅱ領域の活動を一つ挙げる。きちんと実行すれば、あなたの私生活あるいは仕事に大きな影響を与えると思う活動を挙げ、紙に書いて、決意して実行する。

2 時間管理のマトリックスを紙に書き、それぞれの領域にどのくらいの割合で時間を配分しているか推測する。次に、三日間、実際に何に時間を使ったか一五分単位で記録する。最初に推測した割合と同じだっただろうか。時間の使い方に満足しているだろうか。何を変えればよいだろうか。

3 人に任せられそうな仕事をリストアップし、それぞれの仕事を任せる相手の名前も書く。デリゲーションあるいは訓練をするにあたって必要なことを考えておく。

4 来週の計画を立てる。まず、来週の自分の役割と目標を書き、それらの目標の具体的な行動計画を定める。一週間が終わったところで、計画を実践してみて、自分の価値観と目的を日常生活に反映できていたか、価値観と目的に対して自分が誠実であったかどうか評価する。

5 一週間単位の計画を立てることを決意し、計画を立てる時間をスケジュールに組み込む。

6 現在使っている時間管理ツールを第四世代に改良するか、または新しく第四世代のツールを手に入れる。

7 「職場で実践する第Ⅱ領域の一日」（付録B）を読み、第Ⅱ領域のパラダイムのインパクトを深く理解する。

	日 Thursday	日 Friday	日 Saturday	日 Sunday
8				
9				
10				
11				
12				
1				
2				
3				
4				
5				
6				
7				
8				

Daily Tasks	Daily Tasks	Daily Tasks	Daily Tasks

役割と目標
役割　刃を研ぐ
肉体
社会・情緒
知性
精神
役割
目標
役割
目標
役割
目標
役割
目標
役割
目標
役割
目標
役割
目標

	日 Monday	日 Tuesday	日 Wednesday
8			
9			
10			
11			
12			
1			
2			
3			
4			
5			
6			
7			
8			

Daily Tasks	Daily Tasks	Daily Tasks

私のミッション・ステートメント

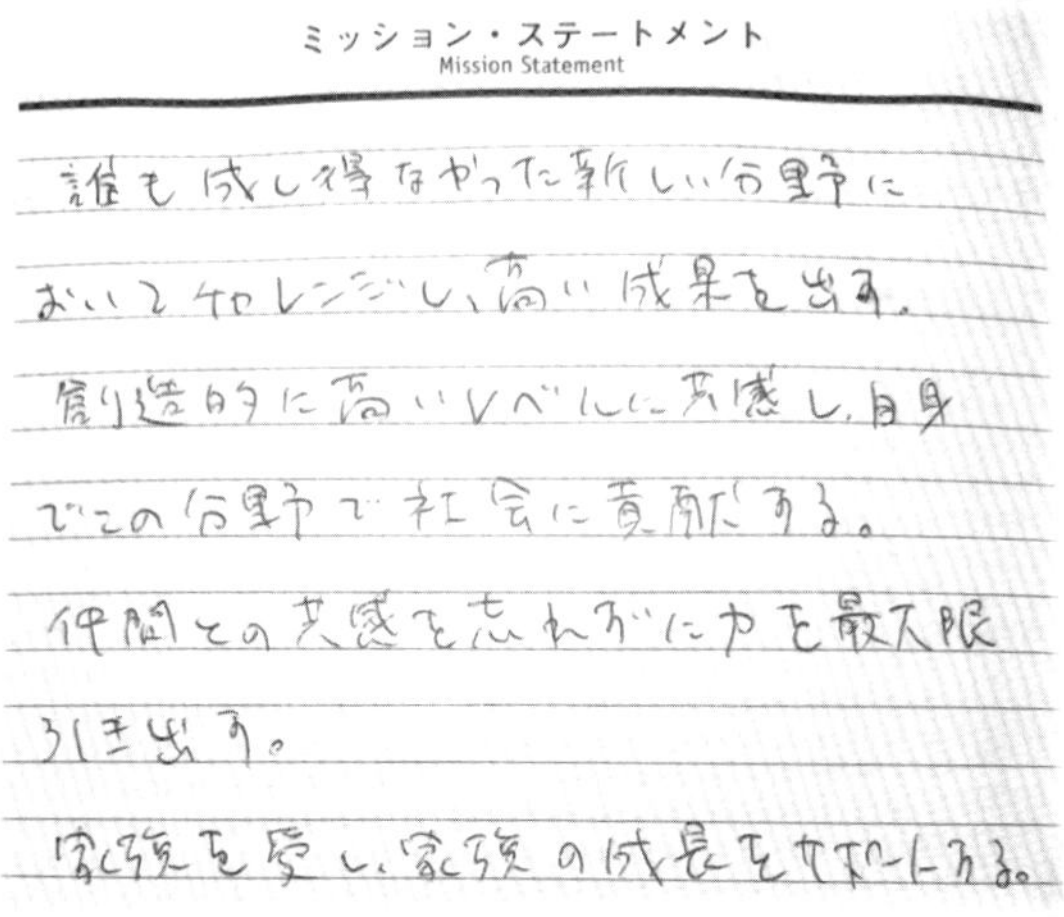
ミッション・ステートメント
Mission Statement

誰も成し得なかった新しい分野に
おいてチャレンジし、高い成果を出す。
創造的に高いレベルに共感し、自身
でこの分野で社会に貢献する。
仲間との共感を忘れずに力を最大限
引き出す。
家族を愛し、家族の成長をサポートする。